Rock & Pop Classics
for ukulele

Twenty-one solid rock and pop classics arranged for ukulele!
Complete with full lyrics, chord boxes, and all your favorite riffs in tablature!

AMSCO PUBLICATIONS
A Part of The Music Sales Group
New York/London/Paris/Sydney/Copenhagen/Berlin/Tokyo/Madrid

Cover photo: istockphoto.com
Project editor: David Bradley

This book Copyright 2010 by Amsco Publications,
A Division of Music Sales Corporation, New York

Order No. AM1001605
International Standard Book Number: 978-0-8256-3755-1
HL Item Number: 14037749

Exclusive Distributor for the United States, Canada, Mexico and U.S. possessions:
Hal Leonard Corporation
7777 West Bluemound Road, Milwaukee, WI 53213 USA

Exclusive Distributors for the rest of the World:
Music Sales Limited
14-15 Berners Street, London W1T 3LJ England

Printed in the United States of America by
Vicks Lithograph and Printing Corporation

ALL ALONG THE WATCHTOWER

Words and Music by Bob Dylan

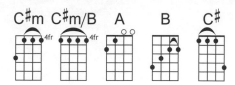

C#m C#m/B A B C#

Moderately, with a beat

4/4

C#m   C#m/B   A   B
"There must be some way out of here,"

C#m   C#m/B   A   B
said the jok - er to the thief

C#m   C#m/B   A   B
"There's too much con - fu - sion,

C#m   C#m/B   A   B
I can't get no re - lief

C#m   C#m/B   A   B
Bus - 'ness men, they drink my wine,

C#m   C#m/B   A   B
plow - men dig my earth

C#m   C#m/B   A   B
None of them a - long the line

C#m   C#m/B   A   B
know what an - y of it is worth"

C#m   C#m/B   A   B
"No rea - son to get ex - cit - ed,"

C#m   C#m/B   A   B
the thief, he kind - ly spoke

C#m   C#m/B   A   B
"There are man - y here a - mong us

C#m   C#m/B   A   B
who feel that life is but a joke

C#m   C#m/B   A   B

| /   /   /   / | /   /   /   / |

But   you   and   I,   we've   been   through   that,

C#m   C#m/B   A   B

| /   /   /   / | /   /   /   / |

and   this   is   not   our   fate

C#m   C#m/B   A   B

| /   /   /   / | /   /   /   / |

So   let   us   not   talk   false - ly   now,

C#m   C#m/B   A   B

| /   /   /   / | /   /   /   / ||

the   hour   is   get - ting   late"

C#m   C#m/B   A   B

| /   /   /   / | /   /   /   / |

All   a - long   the   watch - tow - er,

C#m   C#m/B   A   B

| /   /   /   / | /   /   /   / |

prin - ces   kept   the   view

C#m   C#m/B   A   B

| /   /   /   / | /   /   /   / |

While   all   the   wom - en   came   and   went,

C#m   C#m/B   A   B

| /   /   /   / | /   /   /   / |

bare - foot   ser - vants,   too

C#m   C#m/B   A   B

| /   /   /   / | /   /   /   / |

Out - side   in   the   dis - tance

C#m   C#m/B   A   B

| /   /   /   / | /   /   /   / |

a   wild - cat   did   growl

C#m   C#m/B   A   B

| /   /   /   / | /   /   /   / |

Two   rid - ers   were   ap - proach - ing,

C#m   C#m/B   A   B   C#

| /   /   /   / | /   /   /   / | 𝄍 ||

the   wind   be - gan   to   howl

BACK IN BLACK

By Angus Young, Malcolm Young and Brian Johnson

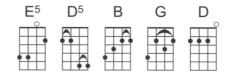

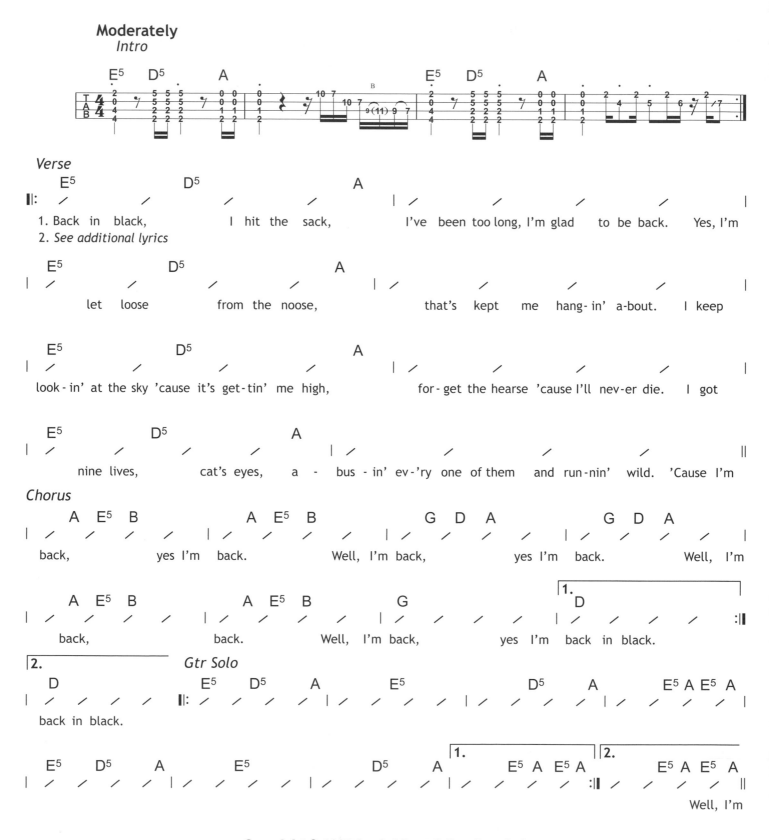

Moderately
Intro

Verse

1. Back in black, I hit the sack, I've been too long, I'm glad to be back. Yes, I'm
2. *See additional lyrics*

let loose from the noose, that's kept me hang-in' a-bout. I keep

look-in' at the sky 'cause it's get-tin' me high, for-get the hearse 'cause I'll nev-er die. I got

nine lives, cat's eyes, a-bus-in' ev-'ry one of them and run-nin' wild. 'Cause I'm

Chorus

back, yes I'm back. Well, I'm back, yes I'm back. Well, I'm

back, back. Well, I'm back, yes I'm back in black.

Gtr Solo

back in black.

Well, I'm

Chorus

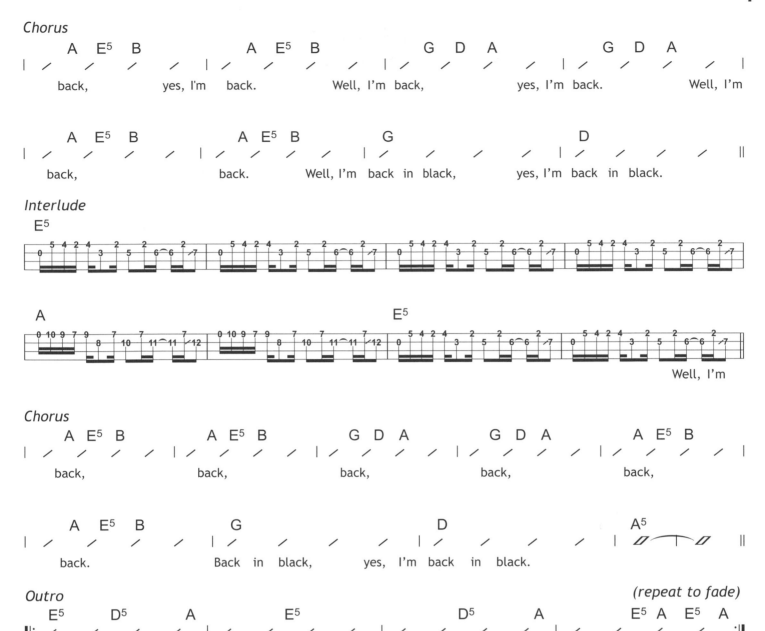

Interlude

Chorus

Outro　　　　　　　　　　　　　　　　　　　　　　　　　*(repeat to fade)*

Additional lyrics

2. Back in the back of a Cadillac
   Number One with a bullet, I'm a power pack
   Yes, I'm in a bang with the gang
   They gotta catch me if they want me to hang
   'Cause I'm back on the track and I'm beatin' the flak
   Nobody's gonna get me on another rap
   So look at me now, I'm just makin' my play
   Don't try to press your luck, just get out of my way
   'Cause I'm back...

BECAUSE
Words and Music by Dave Clark

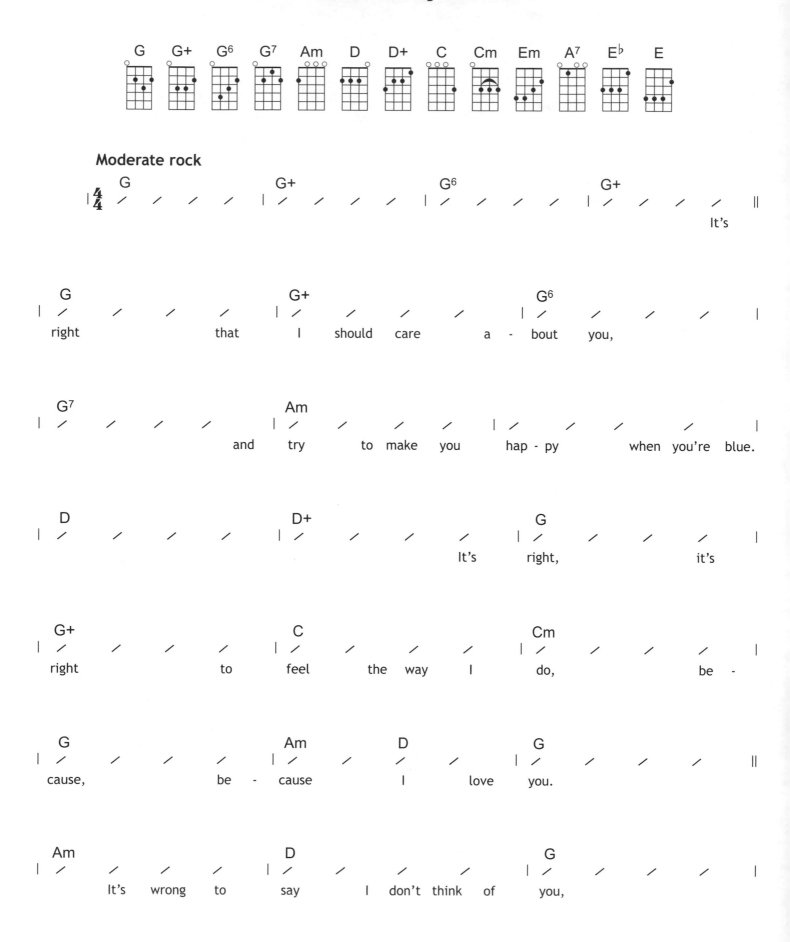

Moderate rock

G				G+			G6			G+			
													It's

G				G+			G6				
right	that	I	should	care	a -	bout	you,				

G7				Am							
	and	try	to	make	you	hap - py	when	you're	blue.		

D				D+				G			
			It's	right,		it's					

G+				C				Cm			
right	to	feel	the	way	I	do,		be -			

G			Am	D	G		
cause,	be - cause	I	love	you.			

Am			D		G		
It's	wrong	to	say	I	don't	think of	you,

| Em / / / / | Am / / / / | D / / / / |
'Cause when you say these things, you

| A⁷ / / / / | D / / | D+ / / ‖
know it makes me blue.

‖: | G / / / / | G+ / / / / | G⁶ / / / / |
Give me one kiss and I'll be hap - py,

| G⁷ / / / / | Am / / / / |
just, just to be with

| D / / / / | D+ / / / / | G / / / / |
you. Give me, give

| G+ / / / / | C / / / / | Cm / / / / |
me a chance to be near you, be -

1.
| G / / / / | Am / D / | G / / / / |
cause, be - cause I love you.

2.
| E♭ / D / | :‖ G / / / / | E / / / / |
you. Be -

| Am / / / | D / / | G / / / | 𝄐 ‖
cause, be - cause I love you.

BURNING DOWN THE HOUSE
Lyrics by David Byrne
Music by David Byrne, Chris Frantz, Jerry Harrison and Tina Weymouth

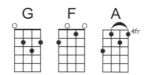

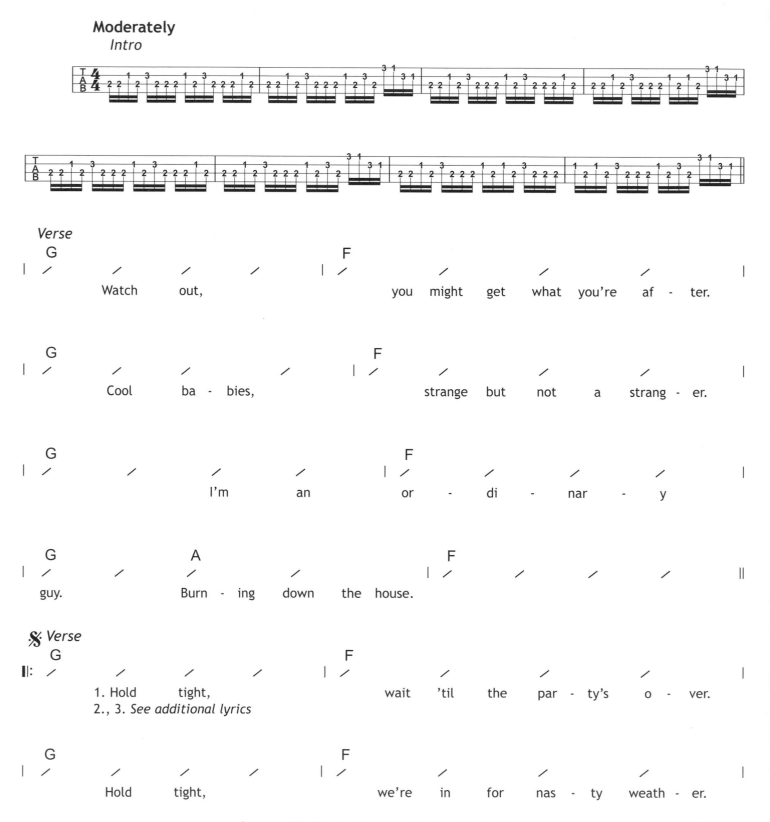

Moderately
Intro

Verse

G   **F**

Watch out,   you might get what you're af - ter.

G   **F**

Cool ba - bies,   strange but not a strang - er.

G   **F**

I'm an or - di - nar - y

G   **A**   **F**

guy.   Burn - ing down the house.

Verse

G   **F**

1. Hold tight,   wait 'til the par - ty's o - ver.
2., 3. *See additional lyrics*

G   **F**

Hold tight,   we're in for nas - ty weath - er.

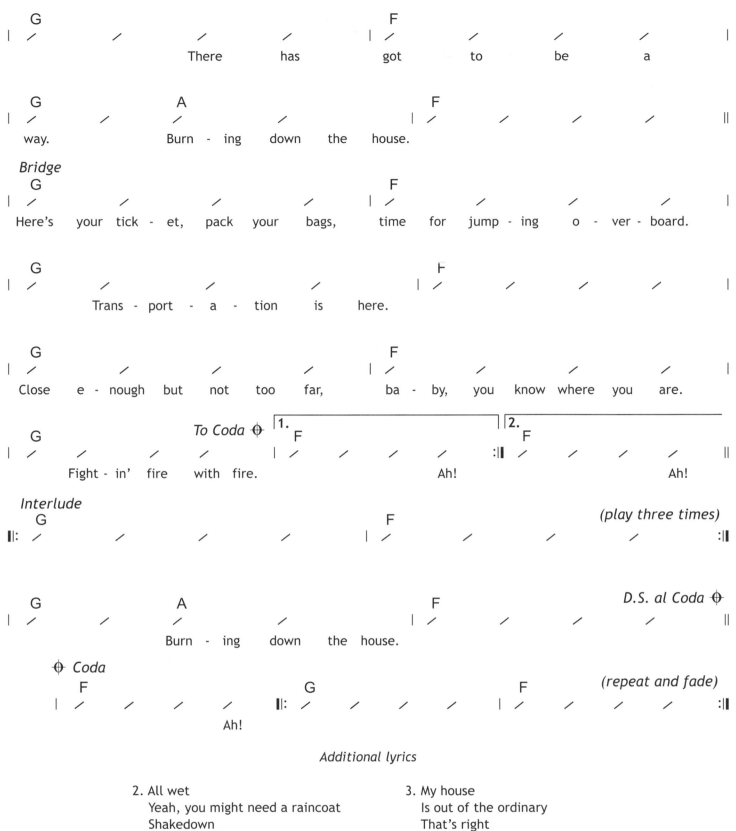

G   F
| ／   ／   ／   ／ | ／   ／   ／   ／ |
                    There   has   got   to   be   a

G   A   F
| ／   ／   ／   ／ | ／   ／   ／   ／   ‖
way.   Burn - ing   down   the   house.

Bridge
G   F
| ／   ／   ／   ／ | ／   ／   ／   ／ |
Here's   your   tick - et,   pack   your   bags,   time   for   jump - ing   o - ver - board.

G   F
| ／   ／   ／   ／ | ／   ／   ／   ／ |
        Trans - port - a - tion   is   here.

G   F
| ／   ／   ／   ／ | ／   ／   ／   ／ |
Close   e - nough   but   not   too   far,   ba - by,   you   know   where   you   are.

                                    To Coda ⊕ |¹. |².
G   F   F
| ／   ／   ／   ／ | ／   ／   ／   ／   :‖ ／   ／   ／   ／   ‖
Fight - in'   fire   with   fire.   Ah!   Ah!

Interlude   *(play three times)*
G   F
‖: ／   ／   ／   ／ | ／   ／   ／   ／   :‖

G   A   F   *D.S. al Coda* ⊕
| ／   ／   ／   ／ | ／   ／   ／   ／   ‖
        Burn - ing   down   the   house.

⊕ *Coda*   *(repeat and fade)*
F   G   F
| ／   ／   ／   ／   ‖: ／   ／   ／   ／ | ／   ／   ／   ／   :‖
Ah!

Additional lyrics

2. All wet
   Yeah, you might need a raincoat
   Shakedown
   Dreams walking in broad daylight
   Three hundred sixty-five degrees
   Burning down the house

   Bridge
   It was once upon a place
   Sometimes I listen to myself
   Gonna come in first place
   People on their way to work
   Said, "Baby, what do you expect?"
   Gonna burst into flames
   Ah!

3. My house
   Is out of the ordinary
   That's right
   Don't wanna hurt nobody
   Some things sure can sweep me off my feet
   Burning down the house

   Bridge
   No visible means of support
   And you have not seen nothing yet
   Everything's come together
   And I don't know what you expect
   Staring into the T.V. set
   Fightin' fire with fire
   Ah!

FAITH
Words and Music by George Michael

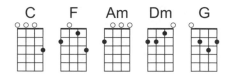

Moderately

Verse

4/4

‖: C / (×6)

1. Well, I guess it would be nice if I could

2. See additional lyrics

F / (×8)

touch your bod - y. I know not ev - 'ry - bod - y has got a bod - y like

C / (×8)

you. But I've got - ta think twice be - fore I

F / (×8)

give my heart a - way, and I know all the games you play, be-cause I play them

C / (×5) ‖ 𝄋 F / (×6)

too. Oh, but I need some time off from

3. See additional lyrics

C / F /

that e - mo - tion, time to pick my heart up off the floor.

C / F /

Oh, when that love comes down with -

C / Am / Dm / *To Coda* ⊕

out de - vo - tion, well it takes a strong - man, ba - by, but I'm

Chorus

G   C

show-ing you the door. 'Cause I got - ta have faith, I got - ta have

faith, be-cause I got - ta have faith, faith, I got - ta have

1.   **2.**   *D.S. al Coda*

faith, faith, faith.   2. Ba   faith, faith, faith.   3. Be -

Coda

G   N.C.

wait for some - thing more.   'Cause I got - ta have

C

faith, I got - ta have faith, be-cause I got - ta have

faith, faith, faith, I got - ta have faith, faith, faith.

Additional lyrics

2. Baby, I know you're asking me to stay
Sayin' please, please, please, don't go away
You say I'm giving you the blues
Maybe you mean every word you say
Can't help but think of yesterday
And another who tied me down to loverboy rules
Before this river becomes an ocean
Before you throw my heart back on the floor
Oh, baby, I reconsider my foolish notion
Well, I need someone to hold me
But I'll wait for something more
'Cause I gotta have faith...

3. Before this river becomes an ocean
Before you throw my heart back on the floor
Oh, baby, I reconsider my foolish notion
Well, I need someone to hold me
But I'll wait for something more
'Cause I gotta have faith...

GOOD GIRLS DON'T
Words and Music by Douglas Fieger

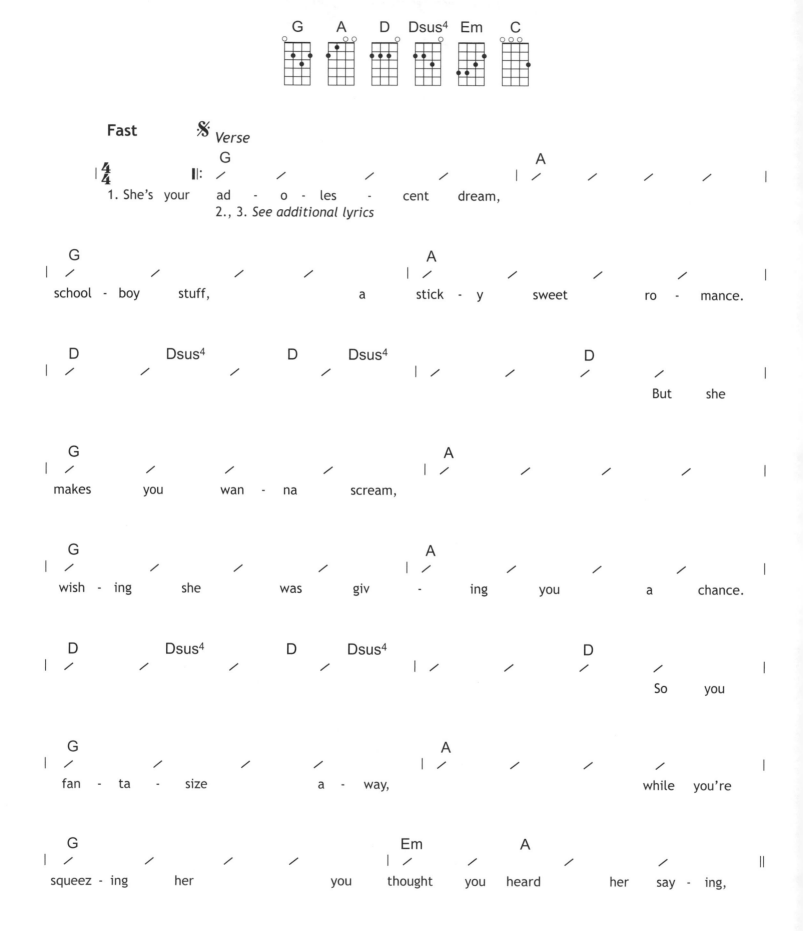

Chorus

D ╱ ╱ ╱ ╱ | A ╱ ╱ ╱ ╱ |
"Good girls don't,

D ╱ ╱ ╱ ╱ | A ╱ ╱ ╱ ╱ |
good girls don't," but she'll be tell - ing you,

G ╱ ╱ ╱ ╱ | A ╱ ╱ ╱ ╱ |
"Good girls don't but I

1.
D Dsus⁴ D Dsus⁴ | D ╱ ╱ ╱ :|| **2., 3.** D ╱ ╱ ╱ ||
do." 2. So you And it's a

Bridge

A ╱ ╱ ╱ ╱ | ╱ ╱ ╱ ╱ | C ╱ ╱ ╱ G ╱ |
teen - aged sad - ness ev - 'ry - one has got to taste,

| ╱ ╱ ╱ ╱ | A ╱ ╱ ╱ ╱ | ╱ ╱ ╱ ╱ |
an in - be - tween - age mad - ness that you

D ╱ ╱ ╱ ╱ | C ╱ ╱ ╱ ╱ |
know you can't e - rase, when she
'til she

To Coda ⊕   *D.S. al Coda* ⊕
G ╱ ╱ ╱ ╱ | A ╱ ╱ ╱ ╱ ||
puts you in your place. 3. You're a -

16

Additional lyrics

2. So you call her on the phone
   To talk about the teachers that you hate
   And she says she's all alone
   And her parents won't be coming home 'til late
   There's a ringing in your brain
   'Cause you could've swore you thought you heard her saying...

Chorus

3. You're alone with her at last
   And you're waiting 'til you think the time is right
   'Cause you've heard she's pretty fast
   And you're hoping that she'll give you some tonight
   So you start to make your play
   'Cause you could've swore you thought you heard her saying...

Chorus

TAINTED LOVE
Words and Music by Ed Cobb

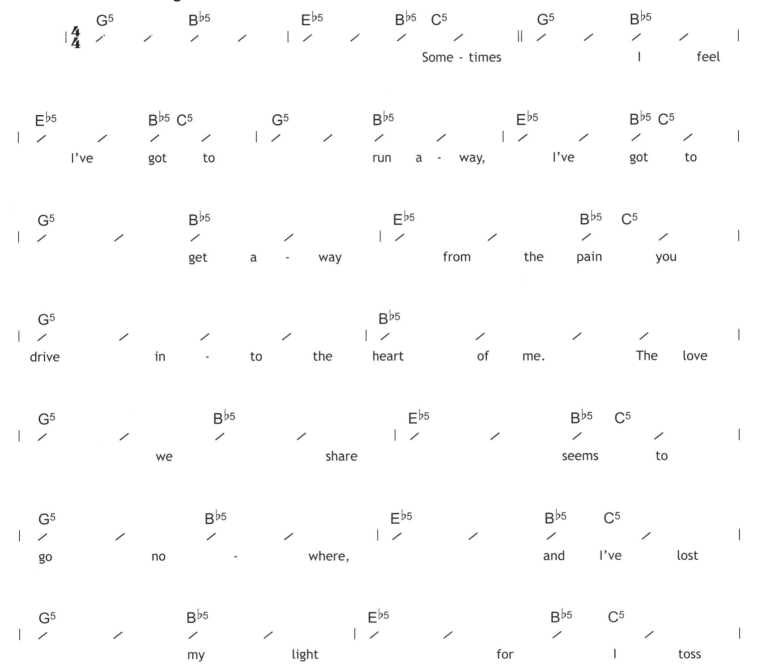

18

%
G

Once   I   ran   to   you   (I

B♭

ran),   now   I'll   run   from   you.

E♭

This   taint - ed   love   you're   giv - en,   I

Cm

give   you   all   a   boy   could   give   you.

Take   my   tears   and   that's   not   liv - in'!   Oh,

G5   B♭5   E♭5   B♭5 C5

taint - ed   love,

To Coda ⊕

G5   B♭5   E♭5   B♭5 C5

taint - ed   love.

G5   B♭5   E♭5   B♭5 C5

Now   I   know   I've   got   to

G5   B♭5   E♭5   B♭5 C5

run a - way,   I've   got   to

G5   B♭5   E♭5   B♭5 C5

get a - way.   You   don't   real -

G⁵   B♭5

| /   /   /   / | /   /   /   / |

\- ly   want   an - y - more   from   me.   To   make

G⁵   B♭5   E♭5   B♭5   C⁵

| /   /   /   / | /   /   /   / |

things   right,   you   need   some - one

G⁵   B♭5   E♭5   B♭5   C⁵

| /   /   /   / | /   /   /   / |

to   hold   you   tight.   And   you   think

G⁵   B♭5   E♭5   B♭5   C⁵

| /   /   /   / | /   /   /   / |

love   is   to   pray,   but   I'm   sor -

G⁵   B♭5   *D.S. al Coda* ⊕

| /   /   /   / | /   /   /   / ‖

\- ry,   I   don't   pray   that   way.

⊕ *Coda*

     E♭5   B♭5   C⁵   G⁵   B♭5   E♭5   B♭5   C⁵

| /   /   /   / ‖ /   /   /   / | /   /   /   / |

Don't   touch   me,   please,   I   can - not   stand

G⁵   B♭5   E♭5   B♭5   C⁵

| /   /   /   / | /   /   /   / |

the   way   you   tease.   I   love

G⁵   B♭5   E♭5   B♭5   C⁵

| /   /   /   / | /   /   /   / |

you   though   you   hurt   me   so,   now   I'm

G⁵   B♭5

| /   /   /   / | /   /   /   / |

gon - na   pack   my   things   and   go.

(repeat and fade)

    G⁵   B♭5   E♭5   B♭5   C⁵

‖: /   /   /   / | /   /   /   / :‖

Taint - ed   love.

I'VE SEEN ALL GOOD PEOPLE

Words and Music by Jon Anderson and Chris Squire

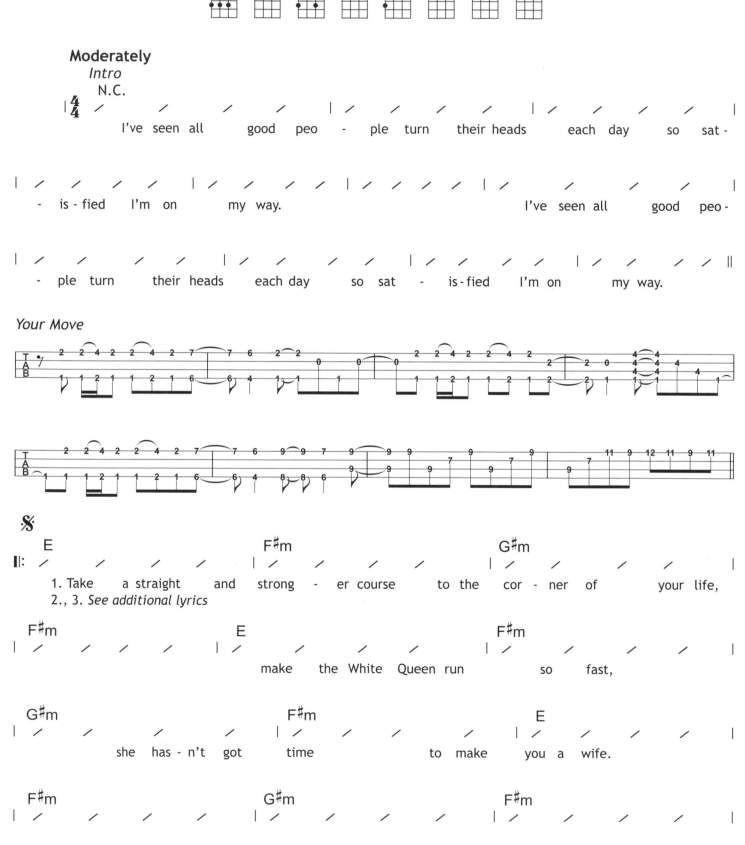

E   **F♯m**   **G♯m**

'Cause his time is time, in time with your time and his news is

A   *To Coda* ⊕

cap - tured, for the Queen to use.

E   **F♯m**   **G♯m**

Move me on to an - y black square, use me an - y time

F♯m   **E**   **F♯m**

you want, just re - mem - ber that the goal

1.

G♯m   **F♯m**   **E**

is for us all to cap - ture all we want. (Move me

F♯m   **G♯m**   **F♯m**

on to an - y black square.) :‖

2.

G♯m   **F♯m**   *D.S. al Coda* ⊕

self with your - self.

⊕ *Coda*

E   **F♯m**

Di - da, di - da, di - da, di - da, di - da, di - da, di - da, da, da.

G♯m   **F♯m**

(All we are

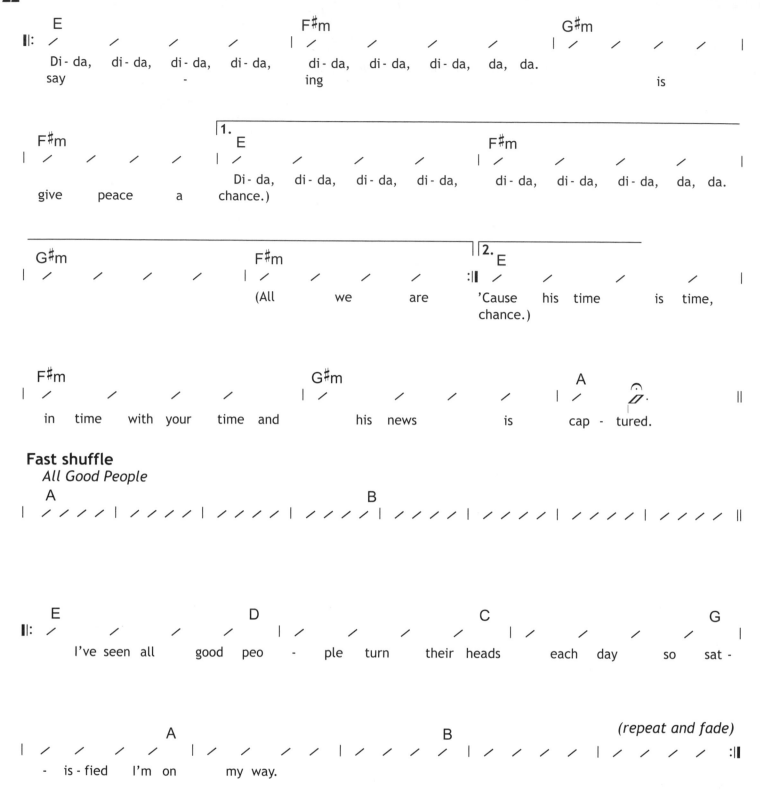

Fast shuffle

All Good People

Additional lyrics

2., 3. Don't surround yourself with yourself
Move on back two squares
Send an instant karma to me
Initial it with loving care, yourself

'Cause his time is time, in time
With your time and his news is captured
For the queen to use
Dida, dida, dida, dida
Dida, dida, dida, da, da
Don't surround yourself with yourself

WOOLY BULLY
Words and Music by Domingo Samudio

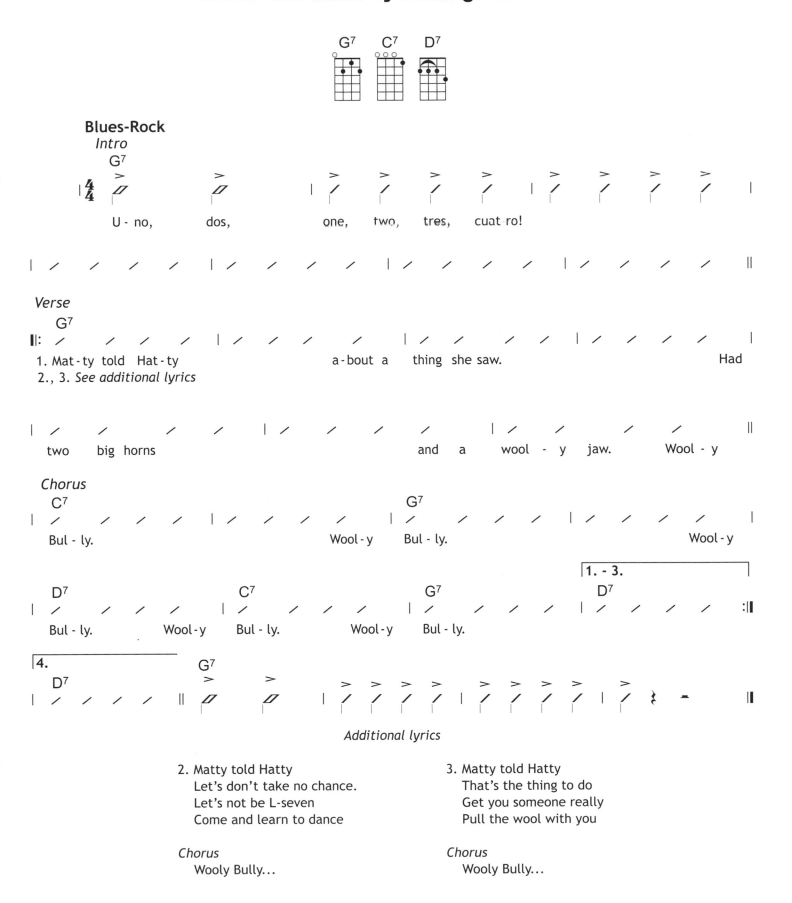

Additional lyrics

2. Matty told Hatty
   Let's don't take no chance.
   Let's not be L-seven
   Come and learn to dance

   Chorus
   Wooly Bully...

3. Matty told Hatty
   That's the thing to do
   Get you someone really
   Pull the wool with you

   Chorus
   Wooly Bully...

JIM DANDY
By Lincoln Chase

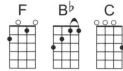

Moderately fast

Intro

F

|4/4 ╱ ╱ ╱ ╱ | ╱ ╱ ╱ ╱ | ╱ ╱ ╱ ╱ | ╱ ╱ ╱ ╱ | ╱ ╱ ╱ ╱ | ╱ ╱ ╱ ╱ ‖

(Ah   ooh   ah   ooh   ah...)

| ╱ ╱ ╱ | ╱ ╱ ╱ | ╱ ╱ ╱ ╱ |

Jim   Dan - dy   to   the   res - cue.

| ╱ ╱ ╱ | ╱ ╱ ╱ | ╱ ╱ ╱ ╱ |

Jim   Dan - dy   to   the   res - cue.

| ╱ ╱ ╱ | ╱ ╱ ╱ | ╱ ╱ ╱ ╱ |

Jim   Dan - dy   to   the   res - cue.

| ╱ ╱ ╱ | ╱ ╱ ╱ | ╱ ╱ ╱ ╱ ‖

Go   Jim   Dan - dy!   Go   Jim   Dan - dy!

F

‖: ╱ ╱ ╱ ╱ | ╱ ╱ ╱ ╱ |

1. Jim   Dan - dy   on   a   moun - tain top,
2. - 4. *See additional lyrics*

| ╱ ╱ ╱ | ╱ ╱ ╱ ╱ |

thir - ty   thou - sand   feet   to   drop.

B♭

| ╱ ╱ ╱ | ╱ ╱ ╱ ╱ |

Spied   a   la - dy   on   a   run - a - way   horse.

F

Ah - a, that's right, of course.

C   **B♭**

Jim Dan - dy to the res - cue.

F   *(play 4 times)*

Go Jim Dan - dy!   Go Jim Dan - dy!

Go, go, go, Jim Dan - dy.

(repeat and fade)

Go, go, go, Jim Dan - dy.

Additional lyrics

2. Jim Dandy met a girl named Sue
   She was feeling kind of blue
   Jim Dandy is the kind of guy
   Never liked to see a little girl cry
   Jim Dandy to the rescue
   Go Jim Dandy!
   Go Jim Dandy!

3. Jim Dandy in a submarine
   Got a message from a mermaid queen
   She was hanging from a fishing line
   Jim Dandy didn't waste no time
   Jim Dandy to the rescue
   Go Jim Dandy!
   Go Jim Dandy!

4. Jim Dandy wanted to go to Maine
   Got a ticket on a DC plane
   Jim Dandy didn't need no suit
   He was hip and a-ready to boot
   Jim Dandy to the rescue
   Go Jim Dandy!
   Go Jim Dandy!

LUCKY MAN
Words and Music by Greg Lake

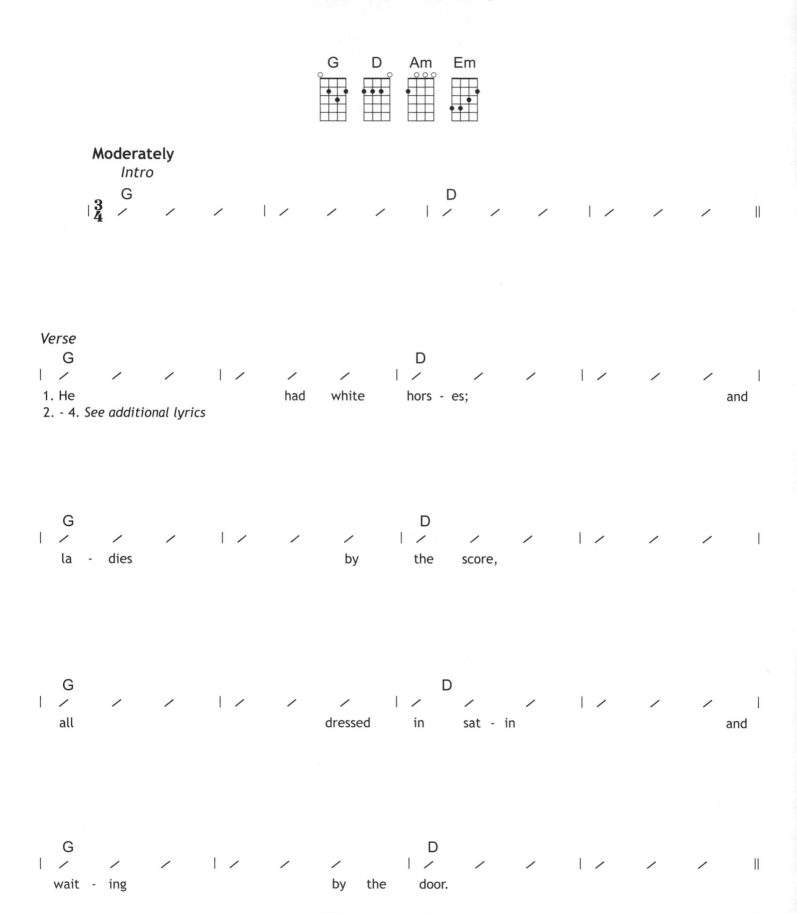

Moderately

Intro

1. He had white hors - es; and
2. - 4. *See additional lyrics*

la - dies by the score,

all dressed in sat - in and

wait - ing by the door.

Chorus

| Am | | | | | | | Em | | | | | | |
Ooh,   what   a   luck - y   man   he

| D | | | | | | | | | | | | | |
was.

| Am | | | | | | | Em | | | | | | |
Ooh,   what   a   luck - y   man   he

(play 4 times)

| D | | | | | | | | | | | | :||
was.

Outro

| Am | | | | | | | Em | | | | | | |
||: Ah.

(repeat and fade)

| D | | | | | | | | | | | | :||

Additional lyrics

2. White lace and feathers, they made up his bed
   A gold covered mattress on which he was laid

3. He went to fight wars for his country and his king
   Of his honor and his glory, the people would sing

4. A bullet had found him; his blood ran as he cried
   No money could save him, so he laid down and he died

ME AND JULIO DOWN BY THE SCHOOLYARD

Words and Music by Paul Simon

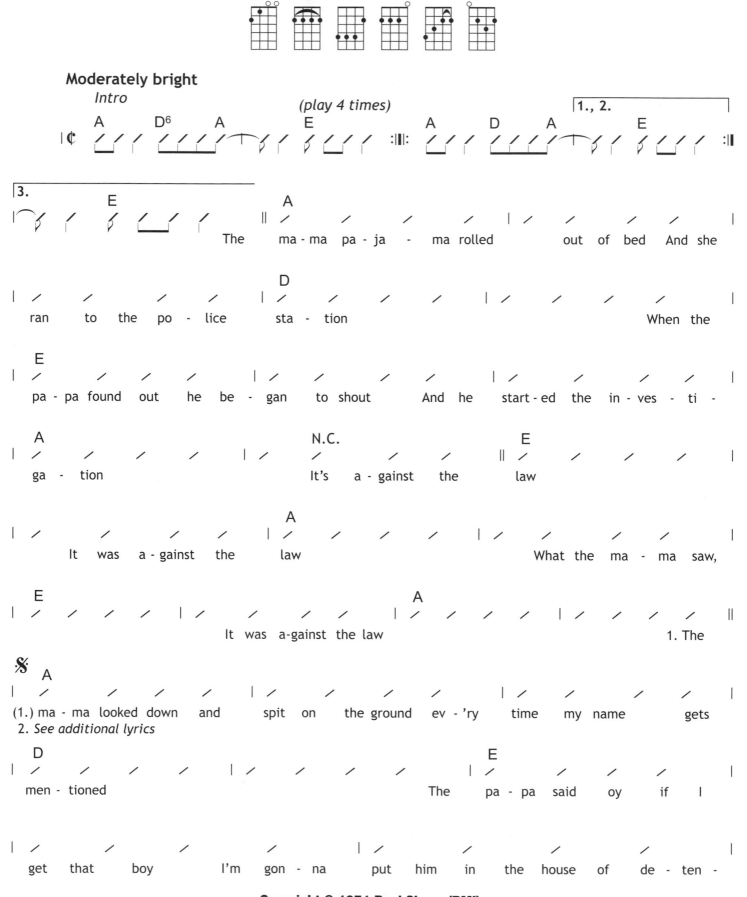

A   N.C.   D

- tion   Well, I'm on my way   I don't know

A   D

where I'm go - ing   I'm on my way   I'm tak -ing my time

A   B   E   D

But I don't know where   Good - bye to Ro   -

                 G   A

sie,   the Queen of Co - ro - na   See you,

To Coda ⊕

             G   D   E   A   D   A

me and Ju - lio   Down by the school - yard

         E   A   G   D   E

     See you, me and Ju - lio   Down by the school - yard

A   D   A   E   N.C.   *D.S. al Coda* ⊕

                                       2. Whoa   in a

⊕ *Coda*

               E   A   G   D   E

     See you, me and Ju - lio   Down by the school - yard

A   D   A   E   A   G

                             See you, me and Ju - lio

D   E   A   D   A   E

Down by the school yard

(repeat and fade)

A   D   A   E

‖:   :‖

Additional lyrics

2. In a couple of days they come and
   Take me away
   But the press let the story leak
   And when the radical priest
   Come to get me released
   We was all on the cover of *Newsweek*

MY BEST FRIEND'S GIRL

Words and Music by Ric Ocasek

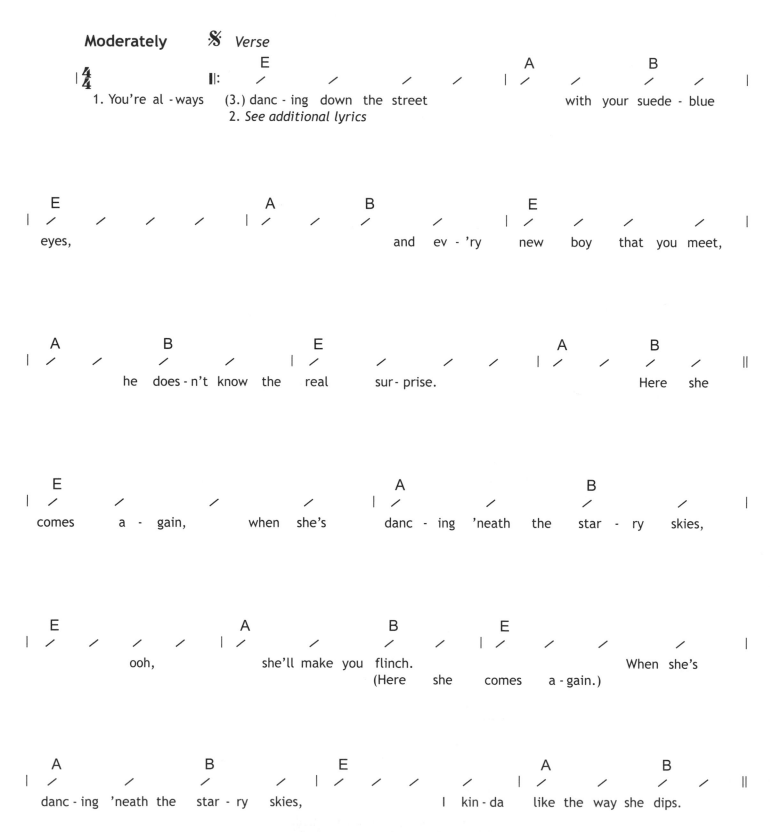

Chorus

A					B				A				

'Cause she's my best friend's girl,

B					A				B				

She's my best friend's girl, but she used to be mine.

To Coda ⊕

E					A		B		E				

She's so fine.

1.

A				B				**2.** A			B			*D.S. al Coda* ⊕

2. You've got your   3. Al - ways

⊕ *Coda*

A		B		E				A		B		

My best friend's girl - friend,

E				A		B	*(repeat and fade)*

my best friend's girl - friend,
(She used to be mine.)

Additional lyrics

2. You've got your nuclear boots
And your drip-dry glove
Ooh, when you bite your lip
It's some reaction to love
Here she comes again
When she's dancing 'neath the starry sky
Yeah, I think you'll flip
Here she comes again
When she's dancing 'neath the starry sky
Here she comes again
I kinda like the way, I like the way she dips

PEOPLE GET READY
Words and Music by Curtis Mayfield

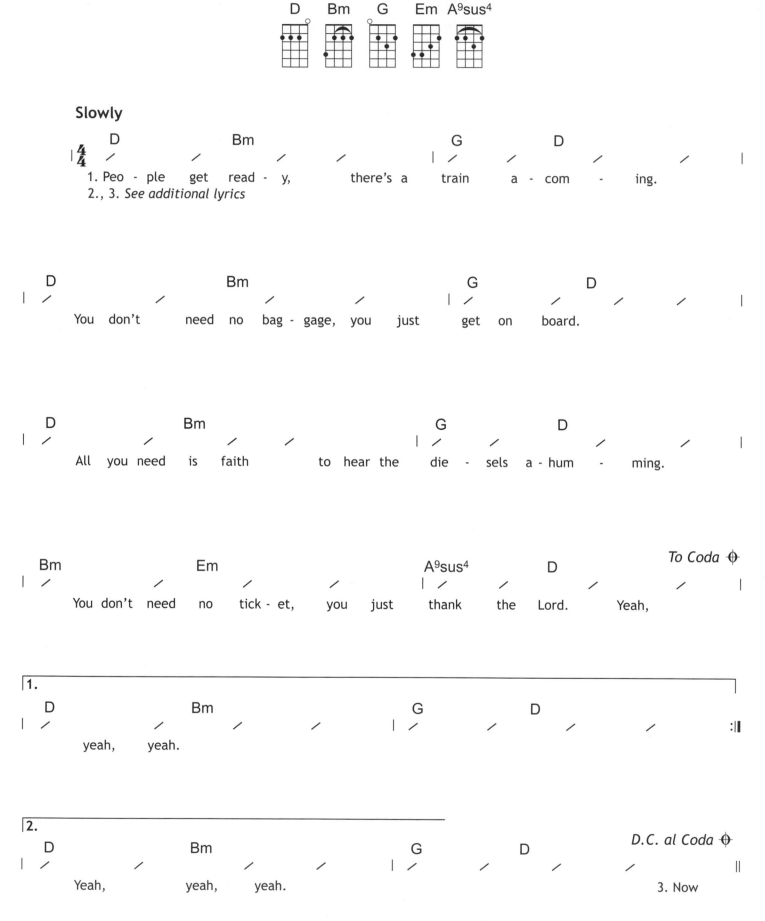

Slowly

D   Bm   G   D
1. Peo - ple get read - y,   there's a train a - com - ing.
2., 3. *See additional lyrics*

D   Bm   G   D
You don't   need no bag - gage, you just   get on   board.

D   Bm   G   D
All you need is faith   to hear the die - sels a - hum - ming.

Bm   Em   A⁹sus⁴   D   *To Coda* ⊕
You don't need no tick - et, you just   thank the Lord.   Yeah,

1.

D   Bm   G   D
yeah,   yeah.

2.   *D.C. al Coda* ⊕

D   Bm   G   D
Yeah,   yeah,   yeah.   3. Now

⊕ *Coda*

|　D　　　　　／　　　　　Bm　　　　　／　　　　　／　　|　G　　　　　／　　　　　D　　　　　／　　　　　／　　　　　|

Peo - ple　get　read - y,　there's　a　train　a - com - ing.

|　D　　　　　／　　　　　Bm　　　　　／　　　　　／　　|　G　　　　　／　　　　　D　　／　　　　　／　　　　　|

You don't　need no　bag - gage,　you　just get on　board.　All　you need

|　D　　　　　／　　　Bm　　　　　／　　　　　／　　|　G　　　　　／　　　　　D　　／　　　　　／　　　　　|

is　faith　to　hear the　die - sels　a - hum - ming.

|　Bm　　　　　／　　Em　　　／　　　　　／　　|　A⁹sus⁴　／　　　　　D　／　　　　　／　　　　　|

You don't need　no　tick - et,　you　just　thank　the　Lord.　I'm　get - ting

‖:　D　　／　　　　　Bm　　／　　　　　／　　|　G　　／　　　　　D　／　　　　　／　　　　　|

read - y.　I'm

(repeat and fade)

|　D　　／　　　　　Bm　　／　　　　　／　　|　G　　／　　　　　D　／　　　　　／　　:‖

read - y.　Oh,　I'm　get - ing

Additional lyrics

2. People, get ready
   For the train to Jordan
   Picking up passengers
   From coast to coast
   Faith is the key
   Open the doors and board them
   There's room for all among the loved and lost

3. Now there ain't no room
   For the hopeless sinner
   Who's hard on mankind
   Just to save his own
   Have pity on those
   Whose chances are thinner
   'Cause there's no hiding place
   From the Kingdom's Throne

SUMMERTIME BLUES
Words and Music by Eddie Cochran and Jerry Capehart

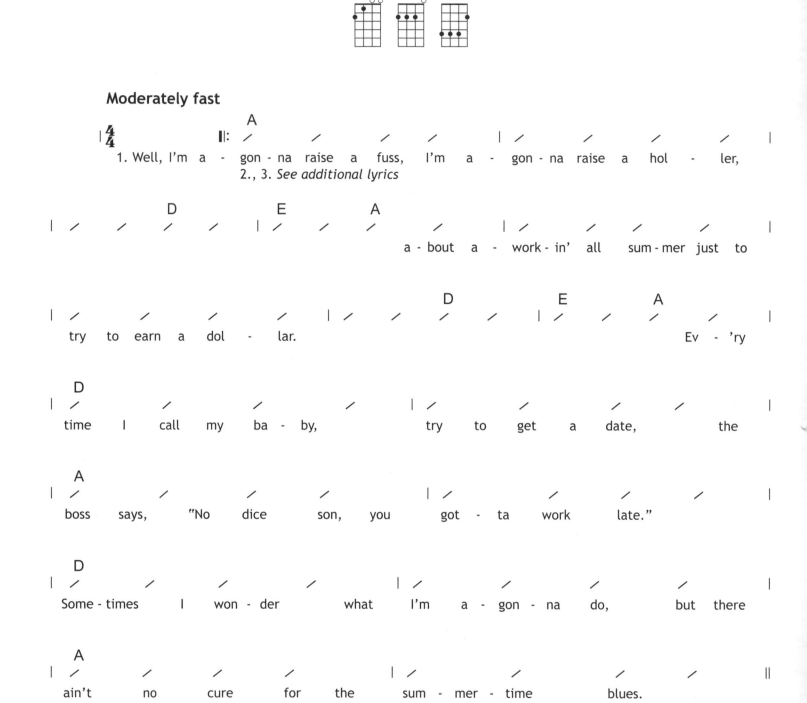

Additional lyrics

2. Oh well, my mom and poppa told me
   "Son, you gotta make some money
   If you wanna use the car
   To go a-ridin' next Sunday"
   Well, I didn't go to work
   Told the boss I was sick
   "Now you can't use the car
   'Cause you didn't work a lick"
   Sometimes I wonder what I'm gonna do
   'Cause there ain't no cure for the summertime blues

3. I'm gonna take two weeks
   Gonna have a fine vacation
   I'm gonna take my problem
   To the United Nations
   I called up my congressman
   And he said, quote
   "I'd like to help you son
   But you're too young to vote"
   Sometimes I wonder what I'm gonna do
   'Cause there ain't no cure for the summertime blues

THE TIDE IS HIGH

Words and Music by John Holt, Tyrone Evans and Howard Barrett

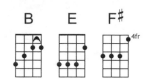

B   E   F#

Moderate reggae beat

B / / / / | **E** / / / / **F#** / / / / |

The tide is high but I'm hold - in' on,

B / / / / | **E** / / / / **F#** / / / / |

I'm gon - na be your num - ber one.

B / / / / | **E** / / **F#** / / | **B** / / / / |

I'm not the kind - a girl who gives up just like that, oh,

E / / / / **F#** / / || **B** / / / / |

no. It's not the things you do that tease and

E / / **F#** / / | **B** / / / / |

hurt me bad, but it's the way you do the things you

E / / **F#** / / | **B** / / / / |

do to me, I'm not the kind - a girl

E / / **F#** / / | **B** / / | **E** / / **F#** / / ||

who gives up just like that, oh, no. The

B / / / / | **E** / / **F#** / / | **B** / / / / |

tide is high but I'm hold - in' on, I'm gon - na be your

E   **F#**   **E**   **F#**
num - ber one,   num - ber one,

E   **F#**
num - ber one.

B   **E**   **F#**
Ev - 'ry girl wants you to be her man,

B   **E**   **F#**
but I'll wait, my dear, till it's my turn,

B   **E**   **F#**
I'm not the kind - a girl who gives up just like

B   **E**   **F#**   **B**
that, oh, no. The tide is high but I'm

E   **F#**   **B**   **E**   **F#**
hold - in' on, I'm gon - na be your num - ber one,

E   **F#**   **E**   **F#**
num - ber one, num - ber one.

E   **F#**
num - ber one. The

B   **E**   **F#**
tide is high but I'm hold - in' on,

(repeat and fade)

B   **E**   **F#**
I'm gon - na be your num - ber one. The

THIS MASQUERADE
By Leon Russell

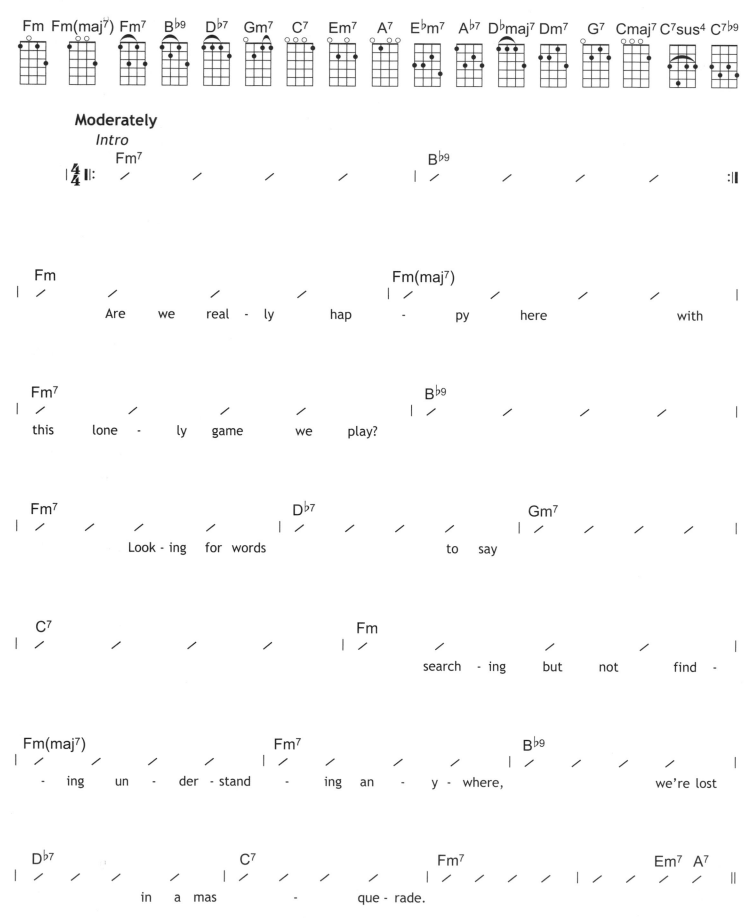

E♭m⁷   A♭⁷   D♭maj⁷

| /   /   / | /   /   /   / | /   /   / |

Both a-fraid to say   we're just   to far   a - way

B♭♭9   E♭m⁷   A♭⁷

| /   /   /   / | /   /   /   / | /   /   / |

from be - ing close to - geth - er   from the start.

D♭maj⁷   Dm⁷

| /   /   /   / | /   /   /   / | /   /   / |

We tried to talk   it o -

G⁷   Cmaj⁷

| /   /   /   / | /   /   /   / | /   /   / |

- ver   but the words   got in the way.   We're lost

Gm⁷   G⁷   C⁷sus⁴

| /   /   /   / | /   /   /   / | /   /   /   / |

in - side   this lone - ly game we play.

C⁷♭9   Fm

| /   /   /   / ‖ /   /   /   / |

Thoughts of leav - ing dis -

Fm(maj⁷)   Fm⁷

| /   /   /   / | /   /   /   / |

- ap - pear   ev - 'ry time I see   your eyes.

B♭♭9   Fm⁷   D♭⁷

| /   /   /   / | /   /   /   / | /   /   /   / |

No mat - ter how hard |

Gm⁷   C⁷   Fm

| /   /   /   / | /   /   /   / | /   /   /   / |

try,   ooh,   to un - der - stand the reas -

Fm(maj⁷)   Fm⁷

| /   /   /   / | /   /   /   / |

- ons that we car - ry on   this way,

B♭♭9   D♭⁷

| /   /   /   / | /   /   /   / |

we're lost   in a mas -

C⁷   Fm⁷   B♭♭9   *(repeat and fade)*

| /   /   /   / ‖: /   /   /   / | /   /   /   / :‖

- que - rade.

UNCHAIN MY HEART
Words and Music by Robert Sharp and Teddy Powell

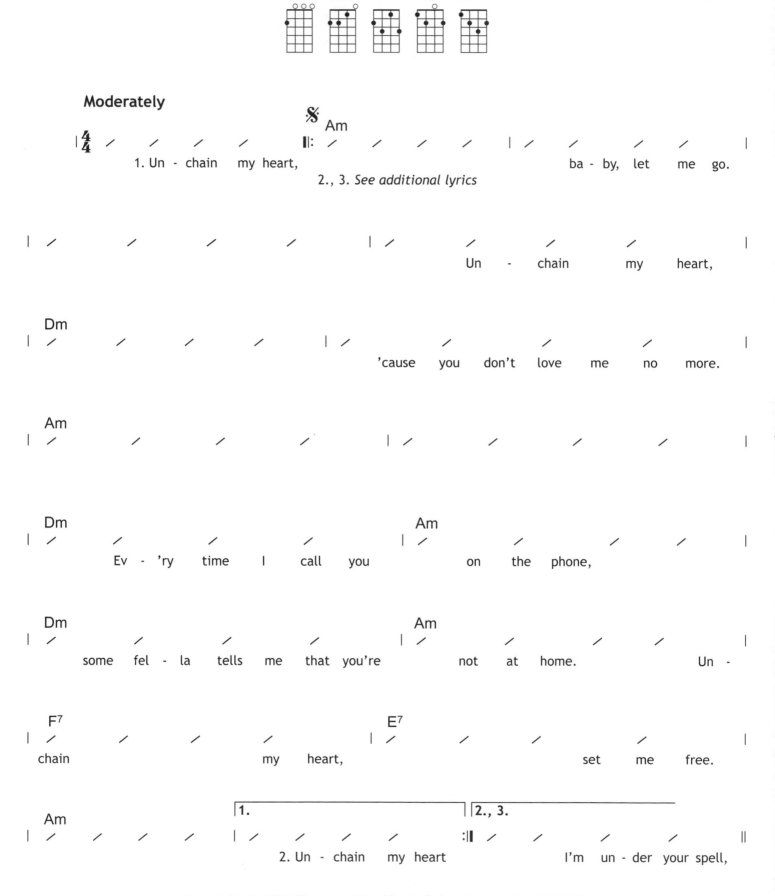

Dm
| ╱ ╱ ╱ ╱ | ╱ ╱ ╱ ╱ |
like a man in a trance,

Am
| ╱ ╱ ╱ ╱ | ╱ ╱ ╱ ╱ |
oh, but you know darn

Dm
| ╱ ╱ ╱ ╱ | ╱ ╱ ╱ ╱ |
well, that I don't stand a

To Coda ⊕   *D.S. al Coda* ⊕

E⁷♯⁹
| ╱ ╱ ╱ ╱ | ╱ ╱ ╱ ╱ ‖
chance.   3. Un - chain my heart

⊕ *Coda*
                                    Am
| ╱ ╱ ╱ ╱ ‖ ╱ ╱ ╱ ╱ | ╱ ╱ ╱ ╱ |
Please un - chain my heart,   let me go my

| ╱ ╱ ╱ ╱ | ╱ ╱ ╱ ╱ |
way.   Un -

F⁷   E⁷   Am
| ╱ ╱ ╱ ╱ | ╱ ╱ ╱ ╱ | ╱ ╱ ╱ ╱ ‖
chain my heart, please set me free.

Additional lyrics

2. Unchain my heart
   Baby, let me be
   Unchain my heart
   'Cause you don't care about me
   You got me sewed up like a pillow case
   But you let my love go to waste
   Unchain my heart, set me free

3. Unchain my heart
   Let me go my way
   Unchain my heart
   You worry me night and day
   Why lead me through a life of misery
   When you don't care a bag of beans for me
   Unchain my heart, set me free

UNDER THE MILKY WAY

Words and Music by Steve Kilbey and Karin Jansson

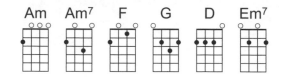

Am Am7 F G D Em7

Moderately fast

4/4

Am ／ ／ ／ ／ **Am7** ｜ ／ ／ ／ ／ ｜
Some - times when this place gets kind of emp -

F ／ ／ ／ ／ **G** ｜ ／ ／ ／ ／ **Am** ｜ ／ ／ ／ ／ **Am7** ｜
- ty, sound of their breath

／ ／ ／ ／ **F** ｜ ／ ／ ／ ／ **G** ｜ ／ ／ ／ ／ ｜
fades with the light.

Am ／ ／ ／ ／ **Am7** ｜ ／ ／ ／ ／ **F** ｜ ／ ／ ／ ／ **G** ｜ ／ ／ ／ ／ ｜
I think a - bout the love - less fas - ci - na - tion

Am ／ ／ ／ ／ **Am7** ｜ ／ ／ ／ ／ **F** ｜ ／ ／ ／ ／ **G** ｜ ／ ／ ／ ／ ｜
un - der the Milk - y Way to - night.

Am ／ ／ ／ ／ **D** ｜ ／ ／ ／ ／ **F** ｜ ／ ／ ／ ／ **Em7** ｜ ／ ／ ／ ／ ｜
Low - er the cur - tain down on Mem - phis,

Am ／ ／ ／ ／ **D** ｜ ／ ／ ／ ／ **F** ｜ ／ ／ ／ ／ **Em7** ｜ ／ ／ ／ ／ ｜
low - er the cur - tain down, all right.

Am ／ ／ ／ ／ **D** ｜ ／ ／ ／ ／ **F** ｜ ／ ／ ／ ／ **Em7** ｜ ／ ／ ／ ／ ｜
I got no time for pri - vate con - sul - ta - tions

Am ／ ／ ／ ／ **D** ｜ ／ ／ ／ ／ **F** ｜ ／ ／ ／ ／ **Em7** ｜ ／ ／ ／ ／ ‖
un - der the Milk - y Way to - night.

G | ╱ ╱ ╱ ╱ | ╱ ╱ ╱ ╱ | F ╱ ╱ ╱ ╱ | ╱ ╱ ╱ ╱ |
Wish I knew what you were look - ing for.

G | ╱ ╱ ╱ ╱ | ╱ ╱ ╱ ╱ | F ╱ ╱ ╱ ╱ | ╱ ╱ ╱ ╱ ‖
Might have known what you would find.

%
Am D | ╱ ╱ ╱ ╱ | ╱ ╱ ╱ ╱ | F ╱ ╱ ╱ ╱ | Em⁷ ╱ ╱ ╱ ╱ |
And it's some - thing quite pe - cu - liar.

Am D | ╱ ╱ ╱ ╱ | ╱ ╱ ╱ ╱ | ╱ ╱ ╱ ╱ |
Some - thing (that's) shim - mer - ing and white.

F | ╱ ╱ ╱ ╱ | Em⁷ ╱ ╱ ╱ ╱ | Am ╱ ╱ ╱ ╱ | D ╱ ╱ ╱ ╱ |
It leads you here, de -

F | ╱ ╱ ╱ ╱ | Em⁷ ╱ ╱ ╱ ╱ | Am ╱ ╱ ╱ ╱ | D ╱ ╱ ╱ ╱ |
spite your des - ti - na - tion, un - der the Milk -

| ╱ ╱ ╱ ╱ | F ╱ ╱ ╱ ╱ | Em⁷ ╱ ╱ ╱ ╱ ‖
- y Way to - night.

G ‖: ╱ ╱ ╱ ╱ | ╱ ╱ ╱ ╱ | F ╱ ╱ ╱ ╱ | ╱ ╱ ╱ ╱ |
Wish I knew what you were look - ing for.

To Coda ⊕
G | ╱ ╱ ╱ ╱ | ╱ ╱ ╱ ╱ | F ╱ ╱ ╱ | ╱ ╱ ╱ :‖
Might have known what you would find.

D.S. al Coda ⊕
C G Am C G Am
‖: ╱ ╱ ╱ ╱ | ╱ ╱ ╱ ╱ | ╱ ╱ ╱ ╱ | ╱ ╱ ╱ ╱ | ╱ ╱ ╱ ╱ | ╱ ╱ ╱ ╱ | ╱ ╱ ╱ ╱ | ╱ ╱ ╱ ╱ :‖

⊕ *Coda*
Am D F Em⁷
| ╱ ╱ ╱ ╱ | ╱ ╱ ╱ ╱ | ╱ ╱ ╱ ╱ | ╱ ╱ ╱ ╱ ‖

(repeat and fade)
Am D F Em⁷
‖: ╱ ╱ ╱ ╱ | ╱ ╱ ╱ ╱ | ╱ ╱ ╱ ╱ | ╱ ╱ ╱ ╱ :‖
Un - der the Milk - y Way to - night.

UP ON CRIPPLE CREEK
Words and Music by Robbie Robertson

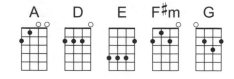

§ Verse

A

| 4/4 ‖: / / / / | / / / / |

1. When I get off of this moun - tain, you
2. - 5. *See additional lyrics*

D   A

| / / / / | / / / / | / / / / |

know where I wan - na go,   straight down the Mis -

D   E

| / / / / | / / / / | / / / / |

- sis - sip - pi Riv - er to the Gulf of Mex - i - co.   To

A

| / / / / | / / / / | / / / / |

Lake Charles, Lou - i - si - an - a,   Lit - tle Bes -

D   A

| / / / / | / / / / | / / / / |

- sie girl I once knew,   she told me just to

D   E

| / / / / | / / / / | / / / / ‖

come on by, if there's an - y - thing she could do.

Chorus

A

| / / / / | / / / / |

Up on Crip - ple Creek, she sends me,

D

| / / / / | / / / / |

if I spring a leak, she mends me,

E

| / / / / | / / / / |

I don't have to speak, she de - fends me, a

F#m   G   *To Coda* ⊕

| / / / / | / / / / |

drunk - ard's dream, if I ev - er did see one.

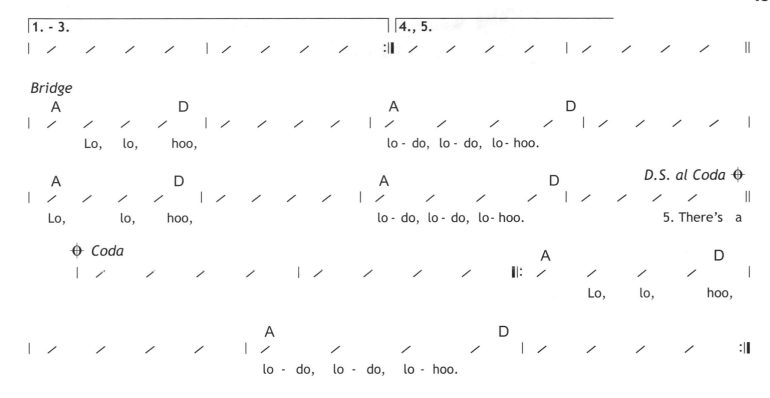

Lo, lo, hoo, lo - do, lo - do, lo - hoo.

Lo, lo, hoo, lo - do, lo - do, lo - hoo. 5. There's a

$\oplus$ *Coda*

Lo, lo, hoo,

lo - do, lo - do, lo - hoo.

Additional lyrics

2. Good luck had just stung me
   To the race track I did go
   She bet on one horse to win
   And I bet on another to show
   Odds were in my favor
   I had him five to one
   When that nag to win came around the track
   Sure enough he had won

3. I took up all of my winnings
   And I gave my little Bessie half
   And she tore it up and threw it in my face
   Just for a laugh
   Now there's one thing in the whole, wide world
   I sure would like to see
   That's when that little love of mine
   Dips her donut in my tea

4. Now me and my mate were back at the shack
   We had Spike Jones on the box
   She said, "I can't take the way he sings
   But I love to hear him talk"
   Now that just gave my heart a fall
   To the bottom of my feet
   And I swore as I took another pour
   My Bessie can't be beat

5. There's a flood out in California
   And up north it's freezing cold
   And this living off the road
   Is getting pretty old
   So I guess I'll call up my big Mama
   Tell her I'll be rolling in
   But you know, deep down, I'm kinda tempted
   To go and see my Bessie again

SOAK UP THE SUN

Words and Music by Sheryl Crow and Jeff Trott

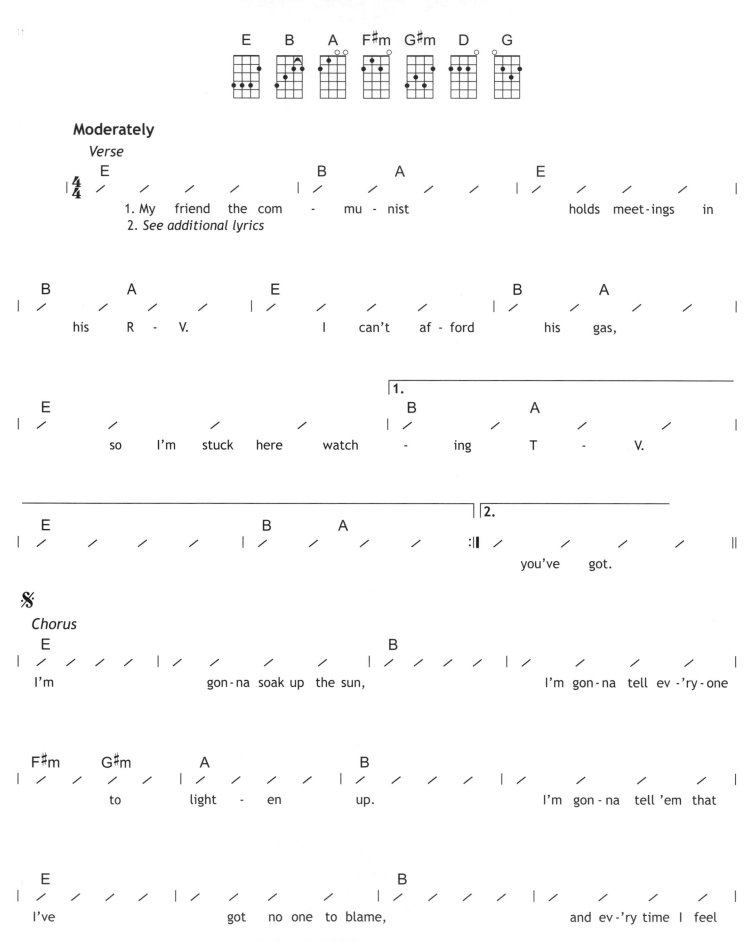

Moderately

Verse

E | B A | E |
1. My friend the com - mu - nist holds meet-ings in
2. *See additional lyrics*

B A | E | B A |
his R - V. I can't af - ford his gas,

E | **1.** B A |
so I'm stuck here watch - ing T - V.

E | B A :|| **2.** |
you've got.

Chorus

E | B |
I'm gon-na soak up the sun, I'm gon-na tell ev-'ry-one

F#m G#m A | B |
to light-en up. I'm gon-na tell 'em that

E | B |
I've got no one to blame, and ev-'ry time I feel

F#m   G#m   A   B
lame   I'm   look - ing   up.   I'm gon - na soak up the sun,

E   B   A   E   *To Coda I*   B   A
I'm gon - na soak up the   sun.
well, while it's still   free.

%%
Verse
E   B   A
3. I've   got   a   crum - my   job,
4. *See additional lyrics*

E   B   A   E
it   don't pay   near   e - nough   to   buy   the things

B   A   E   B   A
it   takes   to   win me some   of   your   love.

E   B   D   A
Ev - 'ry time I turn a - round, I'm look - ing   up, you're look - ing down.

E   B   *To Coda II*   G   A   *D.S. al Coda I*
May - be some - thing's wrong with you that makes you act the way you do.

Coda I
B   A   E
I'm gon - na soak   up   the   sun,

B   A   E   *D.S.S. al Coda II*   B   A
be - fore it goes out on   me.

Coda II
G   A   G   A
makes you act the way you do,   may - be I am cra - zy too.

Chorus

E   B

I'm gon-na soak up the sun,   I'm gon-na tell ev-'ry-one

F#m   G#m   A   B

to light - en up.   I'm gon-na tell 'em that

E   B

I've got no one to blame,   but ev -'ry time I feel

F#m   G#m   A   B

lame I'm look - ing up.

E   B

I,   I'm gon - na soak up the sun,

              F#m   G#m   A   B

I've got my for - ty five on so I can rock on.

Additional lyrics

2. I don't have digital
I don't have diddly-squat
It's not having what you want
It's wanting what you've got

4. Don't have no master suite
I'm still the king of me
You have a fancy ride, but baby
I'm the one who has the key
Every time I turn around
I'm looking up, you're looking down
Maybe something's wrong with you
That makes you act the way you do